SAINT GHISLAIN

et

SON PÈLERINAGE

A

METZ-EN-COUTURE

…EUR-CHARRUEY
…MEUR-LIBRAIRE-ÉDITEUR

ARRAS | PARIS
…0, rue des Balances | rue de Vaugirard, 41

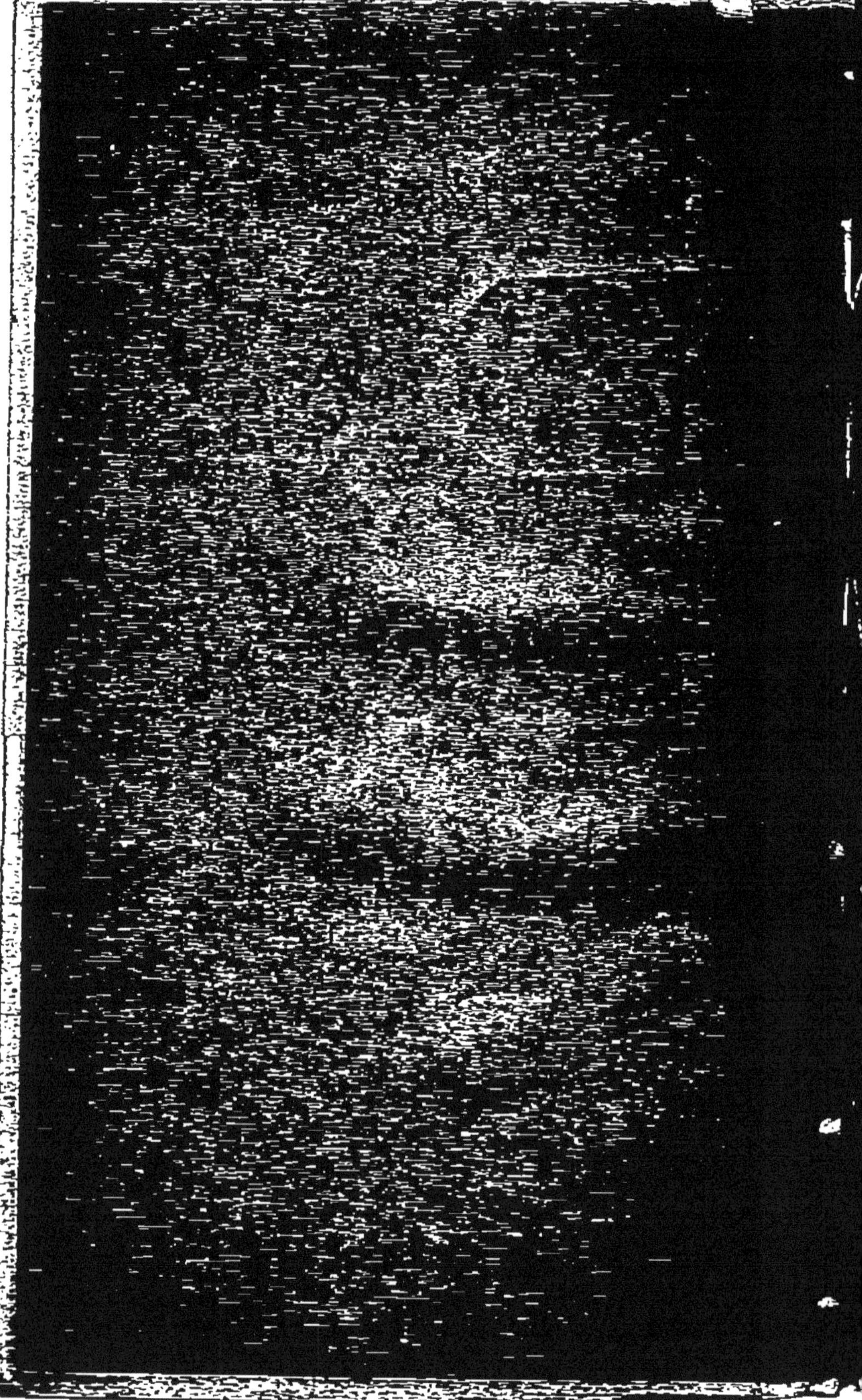

SAINT GHISLAIN

et

SON PÈLERINAGE

A

METZ-EN-COUTURE

SUEUR-CHARRUEY
IMPRIMEUR-LIBRAIRE-ÉDITEUR

ARRAS
10, rue des Balances

PARIS
rue de Vaugirard, 41

VU ET APPROUVÉ

Arras, le 7 Février 1900

Z. LIÉNARD, vic. gén.

DÉDICACE

C'est aux mères de famille que nous dédions cet opuscule. Tous les ans, la neuvaine de saint Ghislain les amène en grand nombre dans l'église de Metz-en-Couture. Elles viennent parfois, avec de navrantes anxiétés, recommander à la puissance de notre saint leurs chers petits enfants. Dieu seul connaît les maternelles angoisses de leur cœur et, dans le sanctuaire de saint Ghislain, il se plaît à guérir ou à soulager les misères physiques et morales qui sollicitent l'intercession de l'Apôtre du Haynaut.

Puissent ces quelques pages augmenter la confiance des fidèles envers saint Ghislain et fasse le Ciel que la ferveur des mères obtienne toujours la récompense promise à la prière persévérante.

AVANT-PROPOS

L'importante paroisse de Metz en-Couture se dresse sur les confins des quatre diocèses de Cambrai, d'Arras, d'Amiens et de Soissons. La naissance des collines de Picardie, le voisinage de la forêt d'Havrincourt, l'éloignement des usines, l'exquise urbanité des habitants pour les étrangers font de ce pays un séjour ou un lieu de passage ravissant.

On ne saurait toutefois appliquer à cette bourgade la parole que l'on a dite des peuples heureux : Metz-en-Couture a son histoire. Nous aurons peut-être l'occasion quelque jour de revenir sur ce sujet. Ce qu'il importe de noter en ce moment, c'est que le pays, vivement travaillé par la tourmente de la grande Révolution, a toujours gardé, avec le culte de saint-Ghislain, ses traditions de foi et de piété.

Evidemment, ici, comme partout, nous touchons à ces moments où la vérité semble obscurcie, où la charité se refroidit, où les immortelles espérances sont sacrifiées aux intérêts matériels. Mais, vienne l'heure des grandes manifestations chrétiennes, des pèlerinages et des processions, toute la paroisse est unanime à manifester la vitalité de ses croyances et l'ardeur de son amour pour Dieu. C'est surtout au moment des fêtes de saint Ghislain que se traduisent les sentiments religieux des habitants de Metz-en-Couture!

A quelle époque ce culte a-t-il pris naissance dans la paroisse ? L'absence de documents écrits ne permet point de le préciser. Toutefois les anciens du pays racontent que, dès leur plus tendre enfance, ils furent, dans la vieille église, les témoins des solennités destinées à honorer cet auguste saint. Qu'est-ce donc que cet homme dont la mémoire est restée en bénédiction parmi le monde ? comment légitimer l'inébranlable confiance que mettent en lui les mères de famille ? C'est ce que nous essaierons de montrer en quelques pages.

SAINT GHISLAIN

—

Saint Ghislain naquit à Athènes au commencement du VIIe siècle de l'ère chrétienne. Il était issu de parents distingués par la noblesse et la vertu. Son heureux naturel lui fit faire de bonne heure de rapides progrès dans les études et, plus encore, dans la piété, vers laquelle le portait son cœur innocent. Athènes, alors déchue de son antique splendeur, était toujours la mère des arts et des belles-lettres. Dans ses écoles, le jeune étudiant continua les beaux exemples qu'y avaient donnés quelques siècles auparavant saint Grégoire de Nazianze et saint Basile. Comme eux, il savait pratiquer la vertu malgré les séductions qui l'environnaient et vivre d'une manière irréprochable au milieu de jeunes gens livrés au vice. Ne trouvant auprès des docteurs de ces écoles, au lieu de la vérité qu'il cherchait, qu'une sagesse toute terrestre, il résolut de s'attacher uniquement à Dieu et embrassa la vie religieuse dans un monastère de l'Ordre de Saint-Basile. On reçut avec joie ce jeune disciple, qui portait l'innocence empreinte sur le front et dont toute la conduite annonçait un homme rempli de l'esprit de Dieu. Saint Ghislain eut promptement justifié cette haute opinion qu'on avait de son mérite : à peine fut-il admis dans la communauté, qu'on vit briller en lui les plus belles qualités unies aux plus rares vertus. D'une foi vive et inébranlable, d'une humilité qui le portait à se mettre au-dessous de tous ses frères, il était toujours disposé à leur rendre les services de la plus affectueuse charité. Ses paroles respiraient l'amour de Dieu et tous ceux qui l'approchaient trouvaient dans sa personne un charme innocent qui les attachait et les provoquait à l'imitation. Aussi le nouveau religieux faisait-il la consolation de ses frères dans le monastère. Lui-même, il remerciait sans cesse la Providence qui lui avait inspiré la pensée salutaire d'embrasser un si saint état. Il trouvait ce que son cœur avait souvent demandé à Dieu, une vie réglée et conforme en tout à ses volontés adorables. Une sainteté si éminente, dans un âge encore peu avancé, fit impression sur l'esprit des supérieurs, qui ne pouvaient douter que Dieu n'eût sur le jeune Ghislain de grands desseins. Ils jugèrent qu'il était digne d'être promu aux ordres sacrés. Malgré toutes les résistances de son humilité, il fut donc élevé au sacerdoce. Des auteurs pensent même qu'il fut placé, quelques années plus tard, sur le siège épiscopal d'Athènes.

Quoi qu'il en soit de cette circonstance de sa vie sur laquelle les hagiographes ne s'accordent pas, saint Ghislain ne gouverna pas longtemps cette Eglise.

Un jour qu'il était en prière, une vision lui fit connaître qu'il devait aller à Rome rendre ses hommages aux saints apôtres et à leur successeur. Il ne paraît pas que cette révélation lui eût indiqué dès lors le pays du Haynaut où il vint ensuite. Plein de confiance en Dieu et de soumission à sa volonté, il se hâta d'obéir à l'ordre du ciel et se dirigea vers Rome avec les sentiments d'un digne pèlerin. Arrivé dans la capitale du monde chrétien, saint Ghislain visita toutes les églises, les oratoires et les lieux sanctifiés par les souffrances des martyrs. Prosterné au pied du tombeau des apôtres saint Pierre et saint Paul, il leur rendit tous les témoignages du plus filial attachement. C'est là que le Seigneur lui manifesta de nouveau sa volonté, en lui disant de passer les Alpes et les autres pays au nord de ces montagnes, jusqu'à ce qu'il rencontrât une province appelée Haynaut, où il fixerait sa demeure. Soumis aux desseins de Dieu, le saint Apôtre s'en vint vers les lieux que le Seigneur lui avait indiqués.

En arrivant dans les contrées voisines du Haynaut, saint Ghislain entendit prononcer le nom d'un serviteur de Dieu dont l'éloge était sur toutes les lèvres. C'était saint Amand, alors évêque de Maëstricht, homme admirable par les travaux qu'il avait déjà accomplis et les nombreux monastères qu'il fondait en tout lieu. Vivement frappé de tout ce qu'on disait de lui, saint Ghislain se dirigea vers ce saint pontife qu'il trouva dans sa ville épiscopale. Après avoir conversé ensemble et s'être encouragés mutuellement, ils se séparèrent et saint Ghislain alla dans le Haynaut commencer un monastère à l'endroit où l'on voit aujourd'hui la ville qui porte son nom. Ce lieu était alors appelé Ursidongus.

Ses vertus attirèrent bientôt auprès de lui des habitants du pays, auxquels il enseignait les principes de la vie chrétienne.

On ne pouvait assez admirer sa profonde humilité, son inaltérable douceur, sa prière presque continuelle et son infatigable ardeur au travail. Déjà plusieurs personnes, touchées de sa sainteté, voulaient s'attacher à lui et vivre sous sa conduite : tous se réjouissaient en voyant s'élever dans la contrée un monastère qui serait dirigé par cet homme de Dieu. Sa réputation ne tarda pas à parvenir jusqu'aux oreilles de saint Aubert, évêque de Cambrai, dont ce lieu dépendait. Le prélat voulut connaître le pieux étranger qui instruisait et édifiait ainsi ses ouailles. Il le fit prier de venir auprès de lui. Saint Ghislain, dont les désirs étaient prévenus par cette démarche, se rendit près du vénérable évêque. S'étant mis en route, il arriva dans un village appelé Roisin, entre les villes actuelles de Saint-Ghislain et du Quesnoy. Là, après avoir cherché quelque temps, il trouva un homme de bien, qui s'empressa de lui donner l'hospitalité. Le matin au moment où il se disposait à continuer sa route, son hôte lui dit : « Mon Père, je « reconnais que vos œuvres sont agréa-« bles à Dieu ; je vous supplie donc de « vouloir bien revenir chez moi lors-« que vous aurez terminé votre visite « auprès de l'évêque. » Cette demande, où se révélait la piété de cet homme simple et droit, fut accueillie de saint Ghislain avec joie. Dieu plus tard la récompensera par une guérison inespérée. Arrivé à Cambrai, saint Ghislain fut présenté à saint Aubert, qui lui adressa ces paroles : « Mon frère, dites-« moi qui vous êtes et quelle est votre « dignité. » — « Je suis Grec de nation, « répondit saint Ghislain, et chrétien « par le caractère : Je suis né, j'ai été « baptisé et élevé à Athènes. C'est de « cette ville que par l'ordre de Dieu, je « suis venu d'abord à Rome, puis vers « ce pays. Dans un lieu placé sur la « rivière, la Hayne, et qu'on appelle « Ursidongus, j'ai entrepris de cons-« truire, en l'honneur de Dieu, un ora-« toire dédié à saint Pierre et à saint « Paul, et votre bonté a prévenu « l'intention que j'avais de me rendre « auprès de vous, pour vous demander « la permission d'achever cette œuvre « que j'avais commencée. »

Ces paroles si sages firent impression sur le cœur du saint évêque de Cambrai, qui se sentit aussitôt pénétré de respect et d'affection pour le vertueux étranger. Il l'encouragea beaucoup dans son entreprise, et lui promit qu'il irait le visiter et bénir son oratoire aussitôt qu'il serait achevé.

Comblé de joie par cette promesse, saint Ghislain reprit la route d'Ursidongus. Selon la parole qu'il avait donnée, il s'arrêta, à Roisin, chez l'hôte charitable qui l'avait reçu à son passage ; mais cet homme, dont l'épouse allait être mère, procura à l'homme de Dieu une habitation voisine pour y passer la nuit. A peine était-il rentré dans sa demeure, qu'il accourut tout éperdu auprès de saint Ghislain. « Serviteur « de Dieu, s'écria-t-il, venez au secours « de mon épouse, qui va mourir ; dai- « gnez prier pour elle. » Touché jusqu'au fond de l'âme par cette voix suppliante, le saint lui répondit avec bonté : « Cessez de vous livrer à la tristesse, « car quand vous rentrerez chez vous, « vous trouverez votre épouse en bon- « ne santé le et Ciel vous aura donné « un fils. » La parole de l'homme de Dieu eut sur le champ son accomplissement, ce qui causa une joie inexprimable dans toute la famille et le village. Le saint lui-même baptisa l'enfant, et le père, afin de témoigner sa reconnaissance, donna une partie de ses biens pour l'achèvement de l'église de Saint-Pierre et Saint-Paul dans le nouveau monastère.

Le souvenir de ce miracle ne devait point s'effacer de la mémoire des peuples et c'est incontestablement à cause de ce bienfait que les mères consacrent à saint Ghislain leurs petits enfants. Elles les portent à ses sanctuaires ; le prêtre récite sur eux l'Evangile, leur fait toucher les reliques du saint et souvent, après ce pieux voyage, les convulsions et les frayeurs naturelles au jeune âge, surtout à l'époque de la première dentition, se trouvent apaisées : touchant retour de la divine clémence qui récompense la foi naïve des mères par le salut de leurs enfants.

Revenu auprès de ses disciples, saint Ghislain acheva avec joie les travaux si heureusement commencés. Puis, quand tout fut préparé pour la consécration, il envoya un message au vénérable évêque de Cambrai : « Père, lui disait-« il, le temps approche, où, comme vous « l'avez promis à votre serviteur, vous « daignerez venir donner votre béné-

« diction à son œuvre. » Saint Aubert, accompagné de saint Amand, se rendit avec lui à Ursidongus. Ce lieu prit dès lors le nom de Cella ou La Celle. Tous deux furent reçus avec le plus profond respect par saint Ghislain et les disciples réunis auprès de lui. Au milieu d'un immense concours de peuple accouru pour assister à la cérémonie, ils consacrèrent à Dieu, sous les auspices de saint Pierre et de saint Paul, cette nouvelle maison de prière, autour de laquelle s'éleva dans la suite la ville de Saint-Ghislain.

Le saint Apôtre du Haynaut continua, dans son monastère, sa vie de vertus et de sacrifices. Il répandit dans toute la contrée la bonne odeur de Jésus-Christ et se montra son véritable disciple par sa charité envers les pauvres, son amour pour Dieu et l'accomplissement fidèle de tous ses devoirs de la vie religieuse. Il mourut en paix, dans un âge avancé, l'an 681 et fut enterré par ses disciples dans l'église de son monastère. Son corps y reposa jusqu'à l'époque où Charlemagne chargea l'abbé Eléfant d'en construire une plus spacieuse et plus magnifique. Après différentes vicissitudes, les reliques de notre saint furent définitivement portées au monastère de La Celle où elles sont gardées avec un soin religieux.

LITANIES DE SAINT GHISLAIN

Seigneur, ayez pitié de nous.
Jésus-Christ, ayez pitié de nous.
Seigneur, ayez pitié de nous.
Jésus-Christ, écoutez-nous.
Jésus-Christ, exaucez-nous.
Père céleste, qui êtes Dieu, ayez pitié de nous.
Fils, Rédempteur du monde, qui êtes Dieu, ayez pitié de nous.
Esprit-Saint, qui êtes Dieu, ayez pitié de nous.
Sainte Trinité, qui êtes un seul Dieu, ayez pitié de nous.
Sainte Marie, Mère de Dieu et Mère des hommes, priez pour nous ;
Sainte Vierge des vierges, refuge des pécheurs, p. p. nous ;
Reine, conçue sans péché, consolatrice des affligés, p. p. nous ;
Reine du T. Saint Rosaire, p. p. nous.
Saint Joseph, protecteur de notre patrie et de l'Eglise universelle, p. p. nous.
Saint Pierre et saint Paul, que saint Ghislain honorait d'un culte filial, p. p. nous.
Saint Ghislain, qui avez eu le bonheur d'avoir des parents nobles, mais avant tout solidement chrétiens, p. p. nous.
S. G. qui correspondiez si fidèlement à l'éducation chrétienne que vous receviez, p. p. n.
S. G. qui évitiez si soigneusement les occasions dangereuses, p. p. nous.
S. G. vrai miroir des vertus d'un jeune homme, p. p. nous.
S. G. qui vous êtes consacré si jeune au Seigneur, p. p. nous,

S. G. qui avez reçu l'onction sacerdotale et épiscopale par le seul motif de l'obéissance, p. p. nous,

S. G. qui avez été appelé à Rome par un ange, p. p. nous.

S. G. qui avez reçu de saint Pierre lui-même la mission de venir apporter le précieux don de la foi à nos pères, p. p. nous.

S. G. qui êtes arrivé dans notre pays d'une manière si providentielle, p. p. nous.

S. G. qui convertissiez les âmes par la prière et par la prédication, p. p. nous.

S. G. modèle de charité et de pénitence, p.p.n.

S. G. qui, par un miracle que vous avez renouvelé plusieurs fois, avez arraché à une mort certaine la femme de Roisin et son enfant, p. p. nous.

S. G. le guide et l'ami de saint Vincent et de tant d'autres saints, p. p. nous.

S. G. dont les sages conseils ont conduit à la perfection sainte Waudru et ses enfants.

S. G. qui avez décidé sainte Aldegonde à quitter les dangers du monde, p. p. nous.

S. G. qui avez été le céleste médecin de tant d'âmes, p. p. nous.

S. G. l'apôtre du Hainaut et l'un des plus grands civilisateurs du VIIe siècle, p. p. n.

S. G. qui avez opéré tant de miracles pendant votre vie et après votre mort, p. p. nous.

S. G. dont l'intercession a rendu la vue à plusieurs aveugles, p. p. nous.

S. G. que l'on invoque toujours avec tant de succès contre les convulsions et contre toutes les maladies de nerfs, priez p. nous.

S. G. le fondateur et le protecteur de la ville qui porte votre nom, p. p. nous.

S. G. dont les reliques sont vénérées par tant de pèlerins, p. p. nous.

Dans les événements fâcheux et imprévus, p. p. nous.

Dans nos maladies et nos infirmités, p.p. n.

Dans le danger d'offenser Dieu, p. p. n.

Quand nous serons exposés à perdre la foi, p. p. nous.

Quand nous aurons eu le malheur de provoquer la colère de Dieu, p. p. nous.

Afin que nous soyons délivrés du mal contre lequel nous recourons en ce moment à vous, p. p. nous.

Afin que nous soyons protégés contre toute maladie de l'âme et du corps, p. p. nous.

Afin que la sainte Eglise soit protégée contre ses ennemis, p. p. nous.

Afin que nous ayons la paix avec Dieu, avec le prochain, avec nous-mêmes, p. p. nous.

Agneau de Dieu, qui effacez les péchés du monde, pardonnez-nous, Seigneur.

Agneau de Dieu, qui effacez les péchés du monde, exaucez-nous, Seigneur.

Agneau de Dieu, qui effacez les péchés du monde, ayez pitié de nous, Seigneur.

Saint Ghislain et vos deux compagnons, saint Lambert et saint Bellerin, priez pour nous, afin que nous ayons le bonheur de posséder Dieu avec vous dans le ciel.

ORAISON

Pour ceux qui sont affligés d'épilepsie.

O Dieu, très juste et très miséricordieux, qui, en punition de nos péchés, permettez que nous soyons tourmentés d'une infinité de maux en cette vie, nous implorons votre bonté et votre miséricorde pour en obtenir le pardon. Faites que par les mérites de saint

Ghislain, que vous glorifiez ici-bas par tant de miracles, nous soyons délivrés et préservés de tous maux en cette vie, surtout de l'épilepsie ou mal caduc. — Ainsi soit-il.

ORAISON

Pour la guérison des enfants languissants

O Dieu de bonté, qui semblez avoir choisi de toute éternité le glorieux saint Ghislain pour être comme le dispensateur de vos grâces, nous vous supplions très humblement de vouloir, par son intercession, préserver notre famille de toutes les langueurs et infirmités, afin que nous puissions plus dignement vous servir en cette vie, et vous louer et bénir éternellement avec ce grand saint en l'autre. — Ainsi soit-il.

IMP. SUEUR-CHARRUEY, 10, RUE DES BALANCES, ARRAS

282

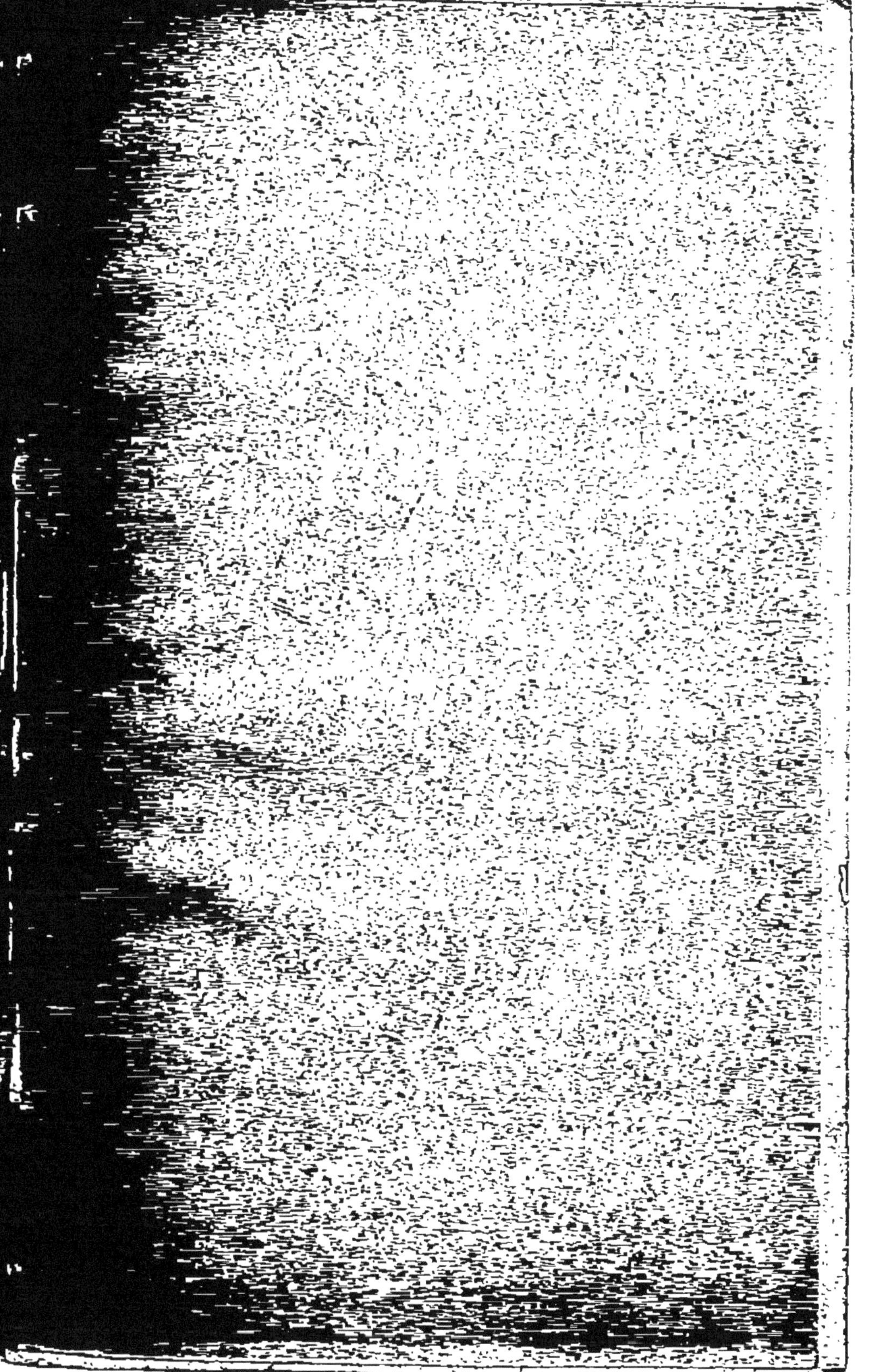

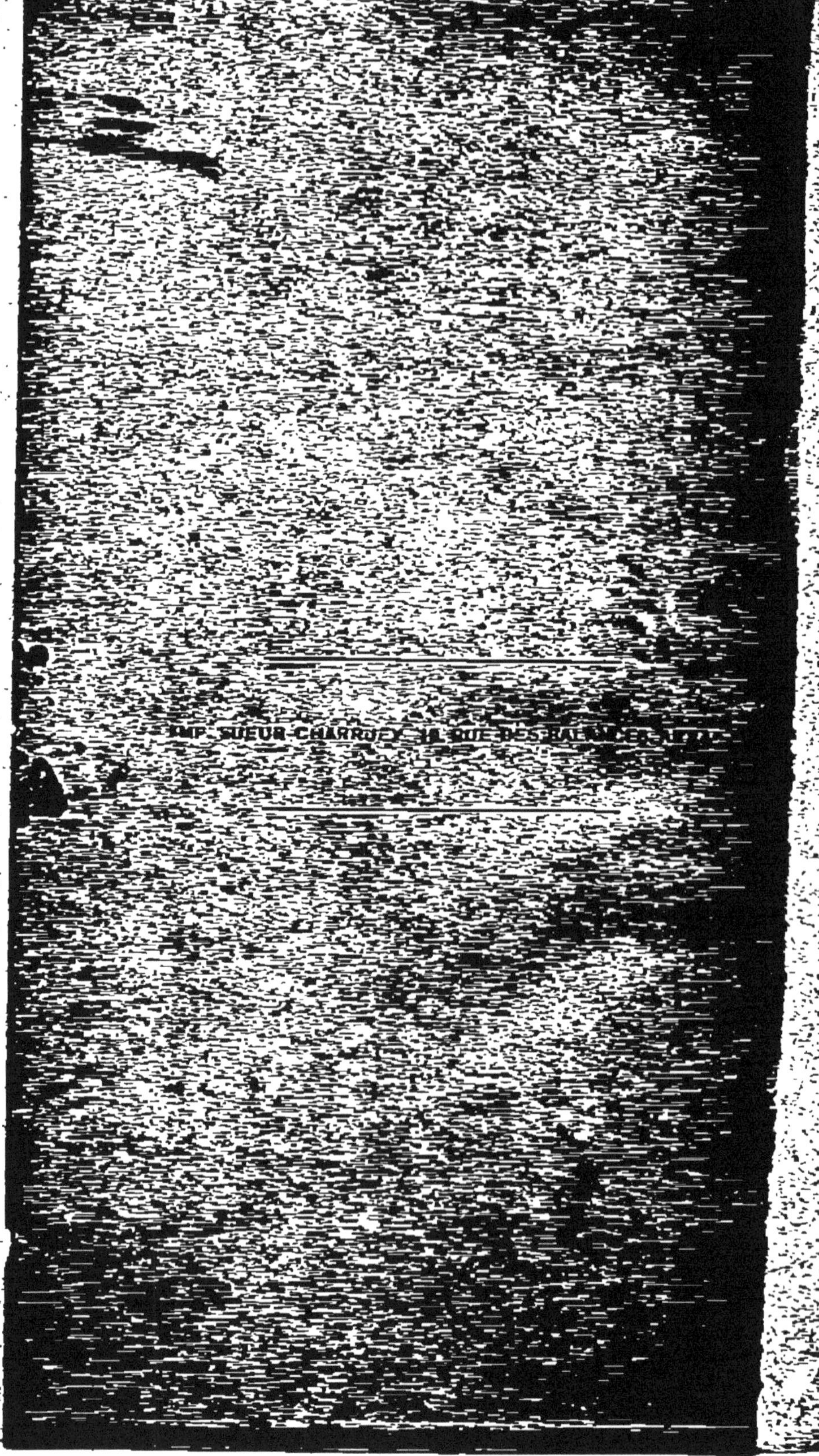
IMP. SUEUR-CHARRUEY, 18 RUE DES

www.ingramcontent.com/pod-product-compliance
Ingram Content Group UK Ltd.
Pitfield, Milton Keynes, MK11 3LW, UK
UKHW022206190726
13855UKWH00004B/1637

9 782013 054072